Cynthia L. Copeland

Philosophen auf vier Pfoten

Was wir von unseren besten Freunden lernen können

Aus dem Amerikanischen von Edith Beleites

LÜBBE

Titel der amerikanischen Originalausgabe:
„Really Important Stuff My Dog Has Taught Me"

Für die Originalausgabe:
Copyright © 2014 by Cynthia L. Copeland
Published by arrangement with Workman Publishing Company, Inc., New York

Für die deutschsprachige Ausgabe:
Copyright © 2016 by Bastei Lübbe AG, Köln
Textredaktion: Doris Engelke, Frankfurt am Main
Umschlaggestaltung: Kirstin Osenau
Einband-/Umschlagmotiv: © shutterstock/SVPhilon
Satz: Helmut Schaffer, Hofheim a. Ts.
Gesetzt aus der Gotham und der Trade Gothic
Druck und Einband: PRINT CONSULT GmbH, München

Printed in Slowakia
ISBN 978-3-431-03947-4

5 4 3 2 1

Sie finden uns im Internet unter: www.luebbe.de
Bitte beachten Sie auch: www.lesejury.de

Ein verlagsneues Buch kostet in Deutschland und Österreich jeweils überall dasselbe.
Damit die kulturelle Vielfalt erhalten und für die Leser bezahlbar bleibt, gibt es die *gesetzliche Buchpreisbindung*. Ob im Internet, in der Großbuchhandlung, beim lokalen Buchhändler, im Dorf oder in der Großstadt – überall bekommen Sie Ihre verlagsneuen Bücher zum selben Preis.

Inhalt

Einführung • 4

1 Geteilte Freude ist doppelte Freude • 7

2 Liebe muss man zeigen • 29

3 Herausforderungen sind die Würze des Lebens • 51

4 Genug ist genug • 71

5 Gleiches Recht für alle • 87

6 Genieße die kleinen Dinge • 107

7 Die anderen brauchen dich • 127

8 Loslassen • 145

9 Jeder Tag ist der beste • 155

10 In Würde altern • 165

Einführung

Als ich klein war, schenkte die Leiterin der Stadtbücherei meinen Brüdern und mir Dusty, einen cleveren, struppigen Borderterrier. Sie fand, dass er Kinder zum Spielen brauchte. Tatsächlich war er das ideale Haustier für unsere lebhafte Familie. Viele Jahre später, als ich selbst Kinder hatte, holte ich eine Promenadenmischung aus dem Tierheim. Meine damals vierjährige Tochter nannte ihn „Bär". Achtzehn Jahre lang hat Bär das Landleben dann in vollen Zügen genossen – Meinungsverschiedenheiten mit Stachelschweinen, Bergwanderungen und an heißen Sommertagen den kühlenden Teich im Nachbargarten. Er half beim Schafehüten und beschützte unsere Hühner vor Kojoten. So gern er neben meiner fahrradbegeisterten Tochter her sauste, so gern saß er mit meinem Sohn in unserem Boot und schaute ihm beim Angeln zu. Im Winter ging er mit uns Schlitten fahren, und wenn wir auf einem zugefrorenen Teich Eishockey spielten, warf er sich in den Weg, um mich vor dem Puck zu schützen.

Dusty, meine Brüder und ich, ca. 1968

Als das Mädchen von gegenüber krank wurde und einen Rollstuhl brauchte, wurde Bär ihr Gefährte und Beschützer. Oft musste ich spät abends rübergehen und ihn mit einem Leckerli nach Hause locken, weil er neben der Kleinen eingedöst war. Wenn ich ihn am nächsten Morgen raus ließ, trabte er sofort wieder zu ihr, und ich glaube, dass er in den Fotoalben ihrer Familie genauso präsent ist wie in unseren.

Bär und Anya

Bär war nicht nur überall beliebt, er hat uns allen jeden Tag gezeigt, wie glücklich ein Leben sein kann, wenn man eine Aufgabe hat.

Die kleinsten Dinge konnten ihn begeistern. Ein Sonnenstrahl, der ihm das Fell wärmte. Ein Bissen, der vom Tisch fiel. Eine Hand, die ihn streichelte. Er spürte auch immer, wann jemand Gesellschaft brauchte. Wir haben ihm zwar beigebracht, „Sitz!" und „Platz!" zu machen (und das ein oder andere Kunststück – wenn er dazu Lust hatte), aber er hat uns etwas viel Wichtigeres gelehrt. Lassen Sie sich von ihm inspirieren. Und von den Hunden in Ihrer Nachbarschaft.

Cindy Copeland

Geteilte Freude ist doppelte Freude.

Ein Hund zeigt uns, dass Glück von Bereitschaft abhängt, nicht von äußeren Umständen. Er kostet jeden Augenblick aus und ist sicher, dass im nächsten Moment etwas ganz Wunderbares geschehen wird. Für ihn zählt nur das Gute und Schöne; weniger Gelungenes übersieht er. Seine Freude über jede noch so unbedeutende Kleinigkeit ist ansteckend. Super – jemand kommt an die Tür! Super – wir gehen Gassi! Super – da liegt ja mein Ball unterm Sofa!

Ein Hund ist ein lebendes Ausrufezeichen!

„Glücklich zu sein, ist der
— Dalai Lama

Sinn des Lebens."

Es geht nicht darum, den Schwanz zu schnappen; es geht um den Spaß bei der Jagd.

Begrüße deine Lieben mit Enthusiasmus, egal ob sie zehn Minuten oder zehn Monate fort waren.

Wer über sich selbst lacht, muss die Haare nicht schön haben.

„Wer spielen kann, darf sich glücklich schätzen."

— Ralph Waldo Emerson

3 Spiele für Kinder und Hunde:

Seifenblasen: Kinder machen sie gern; Hunde jagen sie gern.

Hänsel und Gretel: Ein Kind legt eine Spur aus Leckerlis (als letztes ein besonders gutes, z.B. ein Stück Wurst) und wartet, ob sein Hund ihm folgt.

Verstecken: Der Hund macht „Sitz!", das Kind versteckt sich; wenn er das Kind dann sucht und findet, bekommt er ein Leckerli.

„Ein gut verbrachter Tag beschert einen glücklichen Schlaf."

— Leonardo da Vinci

Lass es quieken, bis jemand reagiert.

24 • GETEILTE FREUDE IST DOPPELTE FREUDE

Liebe muss man zeigen.

Ein Hund zeigt seine Liebe – immer und überall. Wenn es uns schlecht geht, muntert er uns auf; wenn es uns gut geht, freut er sich mit. Alte Freunde behandelt er gut, auf neue geht er freudig zu. Hunde halten sich nicht zurück. Ihre Liebe ist bedingungslos, ihre Treue für immer.

Sei gut zu den Kleinsten.

„Hunde verstehen es, genau die richtigen Menschen zu finden."

— Thom Jones

5 Möglichkeiten, zusammen mit Ihrem Hund Gutes zu tun:

Ihr Hund als Therapeut. Mit ihm können Sie Menschen in Pflegeheimen, Krankenhäusern, Gefängnissen erfreuen.

Blut spenden. Auch Hunde können das tun, dafür gibt es spezielle Blutbanken.

Laufen für eine gute Sache. So etwas gibt es. Melden Sie sich für einen an, bei dem Hunde mitlaufen dürfen.

Nehmen Sie einen Hund aus dem Tierheim in Pflege, um ihn an Menschen und andere Hunde zu gewöhnen.

Lassen Sie sich zu einem Such- und Bergungsteam ausbilden. Nach dem Kursus können Sie und Ihr Hund in Notfällen helfen.

„Wir kümmern uns um einen Hund –
wenn wir Zeit, Platz und Lust haben.
Der Hund dagegen gibt uns alles. Immer.
Das ist der beste Deal, den ein Mensch
machen kann.“

— M. Acklam

Leao wich nicht vom Grab seiner Besitzerin, Cristina
Maria Cesario Santana, nachdem sie bei einem
Erdrutsch in Brasilien ums Leben gekommen war.

Nutze jede Gelegenheit für eine gute Tat.

Blakely, ein australischer Hütehund, der selbst mit acht Monaten gerettet wurde, hilft im Zoo von Cincinnati bei der Aufzucht gefährdeter Tierbabys. Er kuschelt mit verwaisten Kängurus und Löffelfüchsen, bringt einem kleinen Ozelot bei, Milch aus der Schüssel zu trinken, oder tollt mit einem Gepardenjungen umher. Immer scheint er genau zu wissen, was der Schützling braucht.

Blakely als vierbeinige Nanny mit einem Pflegling

„Begegne dem Unbekannten mit **Abenteuerlust.**"

— Eleanor Roosevelt

Hunde sind mehr als treue Gefährten. Sie bringen unser Leben auf Trab, weil wir ihretwegen öfter rausgehen und so leichter mit anderen in Kontakt kommen. Tatsächlich haben Menschen, die mit ihren Hunden Gassi gehen, dreimal so viele Bekannte wie Menschen ohne Hund.

„Herrscher kommen und gehen. Kriege werden gewonnen und verloren. Das Leben hat Anfang und Ende, doch ein Freund ist immer für dich da."

— Jon Koroluk

Bei der Beerdigung des Marinesoldaten Jon Tumilson legte sich sein Labrador Retriever, Hawkeye, seufzend neben den Sarg. Tumilson war einer von 30 Amerikanern, die bei einem Angriff der Taliban auf ihren Hubschrauber getötet wurden.

Zeige deinen Lieben jeden Tag, was du fühlst.

Ein Küsschen von Ihrem Hund oder sein Blick kann eine biochemische Reaktion auslösen. Studien belegen, dass bei Menschen, die ihren Hunden in die Augen sehen oder von ihnen "geküsst" werden, der Oxytozin-Spiegel steigt – das sogenannte Wohlfühl-Hormon. Erstaunlicherweise gilt dasselbe für Hunde! Mensch und Hund profitieren also gleichermaßen.

Herausforderungen sind die Würze des Lebens.

Ebenso geduldig wie beharrlich betrachten Hunde Hindernisse als ungeahnte Möglichkeit und zeigen uns, was man alles schaffen kann, wenn man nicht aufgibt. Sie nehmen jede Herausforderung an, sei es einen Ball zu fangen oder jemanden zu beschützen. Sie lassen sich nicht entmutigen oder in ihrem Enthusiasmus bremsen.

Mich ignoriert keiner!

Als die Polizei um fünf Uhr morgens gerufen wurde, weil der Nachbarshund namens Snickers, ein Border-Collie-Mischling, nonstop bellte, folgte sie ihm ins Nachbarhaus, wo sein Herrchen, Gregory Gould, bewusstlos auf dem Boden lag. Snickers hatte die gläserne Hintertür und den Zaun des Nachbargrundstücks überwunden und dort zwei Stunden lang Alarm geschlagen, bis die Polizei kam. Ohne Snickers – selbst erst einen Monat zuvor aus dem Tierheim geholt – hätte Gregory nicht überlebt.

Snickers wurde für seinen Mut, seine Entschlossenheit und Treue ausgezeichnet.

„Wenn das erwartete Schiff
nicht kommt,
schwimm ihm entgegen!"

– Jonathan Winters

„Nicht Größe und Stärke
   eines Hundes entscheiden über seine Kraft –
nur sein Kampfgeist."
   – Mark Twain

Auf das Beste lohnt es sich zu warten.

Lauf weiter,
bis du heimfindest.

Mason, ein Terrier-Mischling, wurde 2011 von einem schweren Tornado in Alabama mitgerissen, und seine Besitzer fürchteten, ihn nie wiederzusehen. Als sie drei Wochen später auf ihr verwüstetes Grundstück zurückkehrten, um aufzuräumen, fanden sie den Welpen auf den kümmerlichen Resten der Veranda. Mit zwei gebrochenen Beinen hatte er sich durch die Trümmer geschleppt, um auf seine Familie zu warten.

Mason mit zwei geschienten Beinen im Garten

„Wer sein Ziel nicht konsequent verfolgt, wird es nicht erreichen. Wer nicht erst fragt, erntet ein Nein. Wer nicht weitergeht, tritt auf der Stelle."

— Nora Roberts

Bleib dran, bis du findest, was du suchst!

HERAUSFORDERUNGEN SIND DIE WÜRZE DES LEBENS

Genug ist genug.

Das rechte Maß ist der Schlüssel zum Glück. Überfluss ist unnötig; wir brauchen einfach nur genug – genug zu essen, genug zu tun, genug Erholung, genug Liebe. Hunde wissen das und genießen die stillen Momente genauso wie die ausgelassenen oder anstrengenden. Ein sonniger Nachmittag mit einem Freund ist ihnen ebenso wichtig wie ein großes Abenteuer.

Nichtstun und Action – alles zu seiner Zeit!

Innehalten, loslassen!

„Das Unwesentliche zu ignorieren, ist der Kern aller Weisheit."

– Lao-tzu

Dösen. Spielen. Fressen. Und noch mal!

„Reden ist Silber – zuhören Gold."

— Türkisches Sprichwort

Gelassenheit ist kein Mangel an Chaos und Durcheinander, sondern die Kunst, mittendrin die Ruhe zu bewahren.

Sage niemals Nein zu einem Spaziergang.

Du erreichst mehr, wenn du weniger tust.

Wer viel erreichen will, gönnt sich keine Auszeit, aber unsere Kraft ist nicht unerschöpflich. Wir müssen gelegentlich auftanken, um bei Kräften zu bleiben. Je größer unsere Aufgabe, desto wichtiger sind Pausen.

5

Gleiches Recht für alle!

Ein Chihuahua träumt nicht davon, ein Rottweiler zu sein. Ein Straßenköter fühlt sich in seiner Haut genauso wohl wie ein Rassehund. Minderwertigkeitsgefühle sind einem Hund fremd. Kein Hund vergleicht sich mit anderen. Er findet sich okay, wie er ist, und verdient deine Liebe, Aufmerksamkeit und Anerkennung. Er ist nicht Lassie oder Rin Tin Tin und das ist ihm egal. Er findet sich fast genauso klasse wie dich.

Immer schön fair bleiben!

GLEICHES RECHT FÜR ALLE • 89

Wieso warten, bis dich jemand zum Spielen einlädt?

GLEICHES RECHT FÜR ALLE

Man muss nicht *jedes* Mal reagieren, wenn es heißt: „Männchen machen!"

92 • GLEICHES RECHT FÜR ALLE

„Wichtig ist nicht, wofür man dich hält, wichtig ist, was du tust."

– W. C. Fields

Rupi wurde von einer Müllhalde in Indien gerettet und war der erste Hund im Basislager des Mount Everest. Als Joanne Lefson ihn fand, war er halbtot, erholte sich aber schnell und schaffte den schweren Aufstieg mit seinem neuen Frauchen in nur zehn Tagen. Im Himalaja geboren, kannte er keine Höhenkrankheit, nicht einmal auf fünftausend Metern, und hat – buchstäblich – den höchsten Gipfel erklommen.

Lass deine Zukunft nicht von der
Vergangenheit bestimmen!

Lollypop musste früher Hundekämpfe absolvieren und wurde halb verhungert und fast erfroren in der Kühltruhe eines Drogendealers gefunden. Aber das ist nicht seine ganze Geschichte. Der Pitbull wurde zum Drogenhund ausgebildet und war der erfolgreichste seines Jahrgangs.

Lollypop nach erfolgreichem Drogenfund

„Aus bescheidenen Anfängen kann **Großes** erwachsen."

— Sprichwort

Notieren Sie in Ihrem Kalender den Welthundetag am 10. Oktober.

GLEICHES RECHT FÜR ALLE

Behaupte deinen Platz!

Jeder darf ein Schoßhund sein!

„Unsere Zeit ist begrenzt, wir dürfen
sie nicht verschwenden. Hab Mut!
Folge deinem Herzen und deiner Intuition!"

— Steve Jobs

6

Genieße
die kleinen Dinge!

Sie tätscheln Ihrem Hund nur kurz den Kopf oder streicheln seinen Bauch und er ist außer sich vor Freude. Für alles und jedes dankbar zu sein, ist seine Philosophie. Über Essensreste freut er sich genauso wie über ein Feinschmeckermenü, über einen Streifzug durch die Müllhalde genauso wie über eine Wanderung im Nationalpark. Er hat keine besonderen Erwartungen und genießt, was immer passiert.

Jede Mahlzeit ist die BESTE.

„Freudig geben und dankbar empfangen, ist ein Segen für beide Seiten."

— Maya Angelou

Als Lucas Hembree im Sterben lag, wurde der Antrag auf einen medizinischen Assistenzhund abgelehnt. Sein Vater holte eine Schäferhündin namens Juno, die gerade eingeschläfert werden sollte, aus dem Tierheim. Juno schien instinktiv zu begreifen, dass sie für Lucas verantwortlich war, und gab mehrfach Laut, wenn Lucas nicht genug Luft bekam – noch bevor ihre Ausbildung begonnen hatte! Lucas hatte Juno das Leben gerettet und das war ihr Dank.

„Wer wirklich dankbar ist,
der teilt!"
— W. Clement Stone

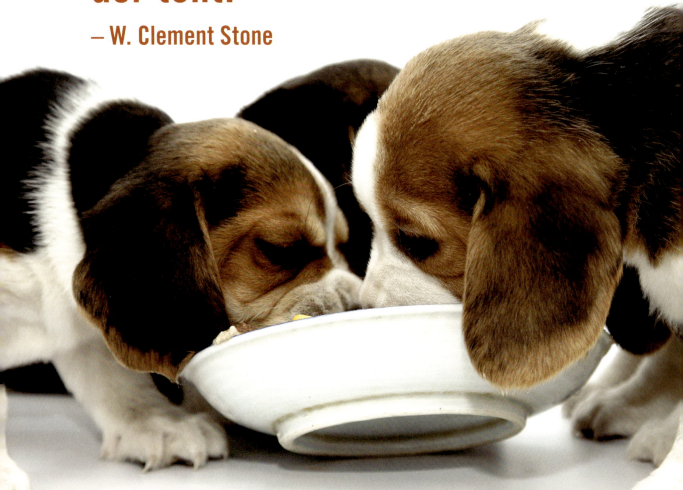

Inspiriere andere!

Dass Dackel Arlo gehandicapt ist, kann seine Lebensfreude nicht mindern. Sie ist so ansteckend, dass er Patienten einer Reha-Klinik in Dallas hilft. Als er mit einem irreparablen Bandscheibenschaden am Straßenrand gefunden wurde, wäre er eingeschläfert worden, hätten ihn Bettye und Jim Baker nicht aufgenommen. Später wurde Arlo als tierischer Assistent eingesetzt, weil er der geborene Mutmacher ist.

Arlo inspiriert Patienten am Baylor Reha-Institut.

Nutze die Beine, die du hast.

„Würdige, was du hast, und schätze die Dinge, wie sie sind. Wenn du erkennst, dass es dir an nichts fehlt, ist die ganze Welt dein."

– Laotse

Würdige die Freuden des Alltags!

Schon die Fahrt kann Freude machen.

Nach langer Zeit in einem Tierheim in Chicago
fand dieser Hund ein Zuhause.
Das Foto entstand auf der Fahrt dorthin.

Die anderen brauchen dich!

Hunde brauchen eine Aufgabe. Sie wollen ihre Energie nutzen, mit anderen zusammen sein und Interessantes erleben. Egal wie groß oder temperamentvoll ein Hund ist, immer will er seinen Beitrag leisten.

Hunde sind Leidenschaft pur.

Komm, wenn du gerufen wirst!

Teamwork hilft.

DIE ANDEREN BRAUCHEN DICH • **133**

„Es ist nie zu spät, dein wahres Ich zu verwirklichen."

— George Eliot zugeschrieben

Einst von dem berühmt-berüchtigten Footballer Michael Vick als Kampfhund gehalten, lebt Daisy Mae heute als Therapiehund in Santa Barbara. Sanft und einfühlsam spendet sie Kindern und Senioren in Pflegeheimen Trost und Freude.

Die meisten Hunde von Vicks ehemaliger Farm haben ein liebevolles Zuhause gefunden.

Daisy Mae schmust mit dem Bewohner eines Seniorenheims.

„Wer traurig oder verstört ist,
dem hilft die bedingungslose
Treue eines Hundes oft mehr
als alles andere."

– Doris Day

Du brauchst nicht gleich die Welt zu verbessern. Es reicht, wenn du in deiner Umgebung anpackst.

Sei ein Held!

Omar Eduardo, ein blinder Computerfachmann, arbeitete im Nordturm des World Trade Centers, als am 11. September 2001 das erste Flugzeug dort einschlug. Omar und sein Blindenhund, Salty, kämpften sich ins Treppenhaus vor, und Omar ließ Salty von der Leine, weil er überzeugt war, sterben zu müssen, und wenigstens dem Labrador eine Überlebenschance geben wollte. Doch Salty wich ihm nicht von der Seite, er führte ihn inmitten der allgemeinen Panik und starken Hitze geduldig 70 Stockwerke nach unten und in Sicherheit. Kurz darauf stürzte der Nordturm ein.

Tu Gutes, auch wenn du dafür keine Medaille bekommst!

Welcher ist der mutigste Hund der Welt? Man weiß es nicht. Die Marineeinheit, die das Versteck Osama Bin Ladens stürmte, hatte jedenfalls einen mit Sprengstoff ausgerüsteten Hund dabei, der aus einem Hubschrauber abgeseilt wurde. Welche Rasse zum Einsatz kam, wurde nicht bekannt gegeben, aber meist sind es Schäferhunde. Sie sind stark, schnell, intelligent, mutig und haben einen ausgezeichneten Geruchssinn.

Loslassen!

Dem Rudel zuliebe verzeihen Hunde alles und sie sind nicht nachtragend. Auch mit ihren Menschen regeln sie Konflikte schnell und undramatisch. Unschönes vergessen sie und konzentrieren sich lieber auf das, was vor ihnen liegt.
(Und wenn sie die Übeltäter waren, sollten wir ihrem Beispiel folgen.)

Es gibt **keinen „bösen Hund"**, nur Dinge, die er noch lernen muss.

Du kannst dich ruhig in Fischresten wälzen, aber du musst die Konsequenzen akzeptieren.

„Sorgen machen das Morgen nicht besser, sie rauben dem Heute die Kraft."

— Leo Buscaglia

Jeder Tag ist der beste!

Ein Hund ist herrlich unkompliziert. Er trauert dem Gestern nicht nach und sorgt sich nicht um das Morgen. Voller Tatendrang und Optimismus lebt er ganz im Hier und Jetzt.

Unsere Hektik ist ihm fremd. Lieber spürt er einem interessanten Geruch nach oder bleibt stehen, um einen neuen Freund kennenzulernen. Alles, was er will, ist: Gassi gehen, im Haus herumlümmeln, fressen, spielen, schlafen. Er hat kein Kalkül, keinen Plan B. „Hol Stöckchen" ist nur „Hol Stöckchen" und macht Spaß – egal mit wem.

Jetzt gibt's nur eins:
streicheln!

„Nur der Moment zählt,
funkelnd wie ein Stern
in unserer Hand und flüchtig
wie eine Schneeflocke."

– Marie Beynon Ray

Nimm eine Hürde nach der anderen!

In Hundeschulen führen die Ausbilder die Tiere durch einen Parcours. Dabei geht es um Tempo und Geschicklichkeit. Bauen Sie einen solchen Parcours doch einfach im Garten nach!

Zickzack: Legen Sie zwölf Steine oder Stöcke mit einem guten halben Meter Abstand zum Hindurchschlängeln auf den Boden.

Standardsprung: Legen Sie ein Brett auf zwei Kisten, Ihr Hund muss darüber springen. Erhöhen Sie die Kisten allmählich.

Balancieren: Lassen Sie Ihren Hund über eine Picknickbank gehen.

Tunnel: Besorgen Sie einen zusammenklappbaren Krabbeltunnel für Kinder und befestigen ihn am Boden, dann muss Ihr Hund hindurch.

Sprung durch den Ring: Hängen Sie einen alten Fahrradreifen in entsprechender Höhe an einen kräftigen Ast, Ihr Hund springt hindurch.

Wippe: Legen Sie ein langes Brett mittig auf ein dickes, kräftiges, am Boden befestigtes Plastikrohr, dann kann Ihr Hund darüber spazieren.

Kratz dich, wo es juckt, wenn es juckt.

In Würde altern

10

Einem Hund ist es egal, wie alt er ist. Weil er in der Gegenwart lebt, ist Zeit für ihn etwas anderes als für uns, die wir der Vergangenheit nachhängen oder unser Ende fürchten. Ein alter Hund trauert nicht dem nach, was er nicht mehr kann, sondern gibt sich mit dem zufrieden, was er noch kann. Er nimmt alles, wie es kommt – ein Grund, mit dem Schwanz zu wedeln, findet sich immer.

„Du bist niemals zu alt für ein neues Ziel oder einen neuen Traum."
— C. S. Lewis

„Nie bin ich den Tränen näher, als wenn sich mein alter Hund – erschöpft von einem langen Tag im Freien – von seinem Platz am Kamin zu meinem Sessel schleppt und mir den Kopf in den Schoß und eine Pfote aufs Knie legt, die Augen schließt und weiterschläft. Womit habe ich einen so treuen Freund verdient? Ich weiß es nicht."

– Gene Hill

Auch wenn du alt bist, kannst du noch **Eichhörnchen** jagen **und über Zäune** springen – im Traum.

Treu bis zum Schluss.

Jeden Nachmittag um vier, wenn Professor Ueno von der Universität zurückkam, wartete sein Hund Hachiko am Bahnhof in Tokio auf ihn. Im Mai 1925 kehrte Ueno nicht zurück, weil er bei der Arbeit an einem Schlaganfall gestorben war. Doch auch am nächsten Tag stand Hachiko am Bahnhof – und zehn weitere Jahre, Tag für Tag. Irgendwann stellte der Bahnhofsvorsteher ihm ein Körbchen, Futter und Wasser hin. Ein Jahr bevor Hachiko starb, wurde am Bahnhof ein Denkmal errichtet, um seine Treue zu würdigen.

Auch nach 80 Jahren ist Hachiko in Japan noch ein Symbol der Treue.

„Weine nicht, weil es vorbei ist. Lächele, weil es geschehen ist!"

— Dr. Seuss

Für Familie Krause, die „Bear" genauso geliebt hat wie ich.

Ich danke meiner wundervollen amerikanischen Lektorin (und Hundefreundin), Margot Herrera, für ihre Geduld, ihren Rat und ihren Humor. Dank auch an Samantha O'Brien für viele gute Ideen , Becky Terhune für das Design, Michael Dimascio und Anne Kerman für die Bildrecherche und Amanda Hong für die Textredaktion.

BILDNACHWEISE

Titelseite: © Warren Photographic; **Inhaltsverzeichnis:** Martin Barraud/Getty Images

age fotostock: Heinz Endler S. 82–83; Peter M. Fisher S. 108; Johner Images S. 72; Juniors Bildarchiv S. 25; R. Koenig S. 60; Adam Lawrence S. 10; Jose Luis Pelaez S. 34. **Alamy:** blickwinkel S. 100; Larry Goodman S. 129; H. Mark Weidman Photography S. 50; Trinity Mirror/Mirrorpix S. 118. **Animal Photography:** Nick Ridley S. 174. **ardea.com:** John Daniels S. 6. **Associated Press:** Steve Parsons/PA Wire URN: 9672876 S. 116. **Caters News Agency:** S. 94. **Cassandra Crawford/Cincinnati Zoo:** S. 41. **Corbis:** Scott Sommerdorf/San Francisco Chronicle S. 141. **Uboldi Emanuele/ubO Photography:** S. 164. **Shaina Fishman:** S. 8, 9, 156. **Fotolia ©:** Africa Studio S. 62; biglama S. 101; hramovnick S. 126; Eric Isselee S. 75 (unten links); K.-U. Habler S. 153; Kirill Kedrinski S. 75 (oben links); Rita Kochmarjova S. 20–21, 149; lunamarina S. 76; Michael Pettigrew S. 19; Alexandr Vasilyev S. 75 (oben rechts). **Gerard Fritz:** S. 26. **Getty Images:** AFP S. 38, 142; Janie Airey S. 56; Martin Barraud S. 3; Mariya Bibikova S. 114; Per Breiehagan S. 88; ©Brooke Anderson Photography S. 64; Cavan Images S. 159; Doug Chinnery S. 70; Compassionate Eye Foundation/David Leahy S. 98–99; Connie Tameling Photography S. 28; David Conniss S. 14; CountryStyle Photography S. 121; craftvision S. 167; Robert Daly S. 22; Neil Davis S. 130–131; Shelley Dennis S. 171; dewollewei S. 106; Dana Edmunds S. 68; John Elk S. 66; Tim Flatch S. 17; Jay Fleck S. 40; Fotosearch S. 110; Fox Photos S. 45; Larry Gatz S. 36–37; General Photography Agency/Stringer S. 148; John Giustina S. 27; GK Gart/Vikki Hart S. 63; iztok noc S. 152; Rosette Jordaan S. 150; Jumpstart Studios S. 15; Keystone S. 13; Krit of Studio OMG S. 80; Catherine Lane S. 166; David Livingston S. 154; Ariane Lohmar S. 62; Marcelo Maia S. 93; MariClick Photography S. 144; Matthew Wilder Photography S. 122–123; Andrew Olney S. 79; Barbara Peacock S. 136; Lisa Pembleton S. 47; Tim Platt S. 57; Steven Puetzer S. 147; Valerie Shaff S. 103; Jayneboo Shropshire S. 111; Tim Kitchen S. 84; Spangless44flickr S. 109; Tyler Stableford S. 54; SuperStock S. 168; Underwood Archives S. 104; Andrew Bret Wallis S. 30; Emery Way S. 52, 173. **Istockphoto:** ©fanelie rosier S. 92. **Brooke Jacobs:** S. 96. **KimballStock:** Johan & Santina De Meester S. 160. **Leesia Teh Photography:** S. 42, 59, 67, 91, 163. **National Geographic Creative:** Joseph Kotlowski S. 119. **Newscom:** Keith Beaty/ZUMA Press S. 53; Kimimasa Mayama/Reuters S. 134. **Redux Pictures:** Alan Poizner/The New York Times S. 33. **Rex USA:** Richard Austin S. 44; Newspix S. 132. **Bev Sparks:** S. 86. **Jason Wallis:** S. 61. ©Warren Photographic: S. 24, 162. **Paul Wellman:** S. 135.

Courtesy Photos: Rudy Carr: S. 97; **A. Clayton Copeland:** S. 4; **Cynthia Copeland:** S. 5; **The Chester L. Hembree family:** S. 112; **Intermountain Therapy Animals:** S. 139; **Mabel Rothman Collection:** S. 49. **Sarah Lauch:** S. 124; **Oak Hill Animal Rescue:** S. 115; **Wikimedia Commons:** S. 172.

176 • DANKSAGUNG / BILDNACHWEISE